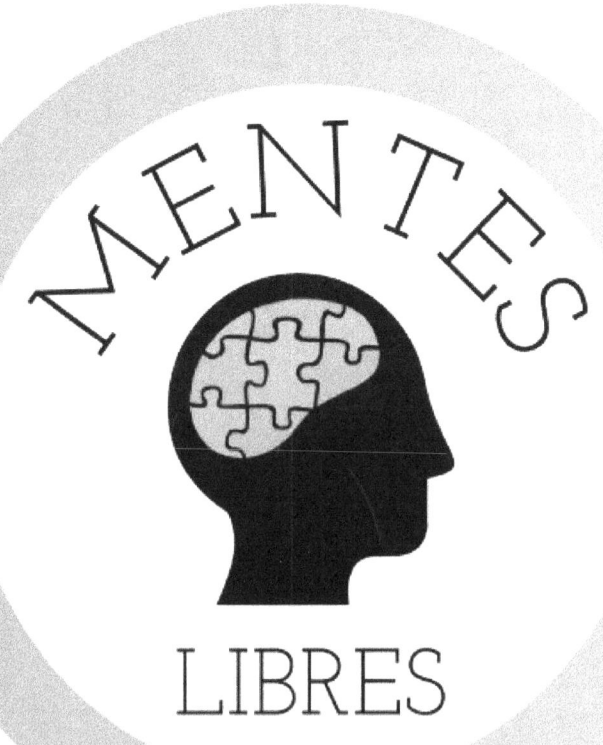

CAMINO AL ÉXITO FINANCIERO

CAMINO AL ÉXITO FINANCIERO

 CAMINO AL ÉXITO FINANCIERO

INDICE

Preludio

Comenzamos…

Los 5 principios para desbloquear la riqueza

¿Nunca puede suceder?

Persiguiendo la riqueza

¿Te ha pasado esto a ti?

La Escalera al Éxito

Fórmula para el éxito

Los Pasos Básicos

Pasos hacia la riqueza personal

Alcanzando su meta

Las claves del éxito

El poder de los pensamientos

Factores que provocan inercia

 CAMINO AL ÉXITO FINANCIERO

El factor de riesgo

Lo que debe evitar

Los errores inevitables

La ley del éxito

Tiempo para aprender quién es usted

La necesidad de cambio

Comprender el fracaso

La meta final

Pavimentando su camino hacia el éxito

La Ley de la Prosperidad

El poder de las palabras

El poder del amor incondicional

Sentimientos finales

Preludio

Este libro está diseñado para satisfacer las necesidades de las personas que desean alcanzar mayores alturas mediante la implementación de conceptos muy simples pero poderosos que tienen el potencial de cambiar su vida completamente.

No pretende ser un libro basado en una hipotética investigación ni un tratado filosófico, sino que es un libro que descubre información que traerá un incentivo duradero que nos permitirá liberar los recursos internos de la fuerza y la dinámica de la voluntad.

De hecho, es una compilación de hechos presentados en un simple inglés profano que contiene información que va a traer una inmensa alegría y éxito en su vida.

Abarca verdades profundas y dinámicas transmitidas en pocas y potentes palabras que encienden un renovado sentido de conciencia de nuestros ilimitados recursos internos latentes que esperan a estallar a la intemperie. Comprende expresiones prácticas que tienen el potencial de traer éxito, salud, riqueza y felicidad duradera.

Comenzamos...

Uno de los puntos más difíciles de reconciliar en la vida es la paradoja de que el sufrimiento existe en este mundo. El sufrimiento es eminente.

Por supuesto, lo que es igualmente importante es darse cuenta de que la adquisición y posesión de riquezas no es un gobernante que mida la felicidad de uno. Si la alegría se encontrara realmente en los materiales, entonces todos aquellos que experimentan su "emoción" al entrar en contacto con el objeto observarían la misma medida de alegría.

En la vida, los hombres están continuamente motivados por dos inevitables impulsos de repulsión: desde el dolor y el ansia hasta la búsqueda de la alegría y la realización absoluta. En la búsqueda de la felicidad, se ve obligado a correr tras lo agradable y agradable, mientras que al enfrentarse a lo opuesto, evita los objetos indeseables y los ambientes desagradables.

El hecho es este: a lo largo de la historia, todos los que han alcanzado el éxito consciente o inconscientemente han utilizado cinco principios, que son comunes al progreso absoluto en todos los aspectos de la vida.

Los 5 principios para desbloquear la riqueza

Estos principios son la clave para desbloquear la increíble reserva de riqueza, abundancia y éxito. Todos ellos están centrados en nuestras verdaderas cualidades innatas, que de hecho son universales y tienen una base espiritual. Estos principios son:

- La verdad
- Justicia
- Paz
- Amor
- La no violencia

La práctica de estas virtudes permitirá a cualquiera progresar en la vida sin ninguna duda.

La razón es simple.

Estos principios universales son todos atractivos y, por supuesto, constituyen las piedras angulares del código de ética. No puedes equivocarte practicando la importancia de los valores morales, los códigos de conducta y obedeciendo la Ley de la Naturaleza en tu búsqueda de la Riqueza.

En las páginas siguientes, usted descubrirá la meta de alcanzar la libertad financiera mientras que al mismo tiempo, adquiere el arte perfecto de la felicidad a través del entendimiento de que la medida de la alegría

no es `directamente' proporcional a la riqueza monetaria justa.

Este manuscrito conciso, preciso y directo al punto explora avenidas que definitivamente van a cambiar su vida para mejor.

A diferencia de muchos otros libros sobre el mismo tema, este manuscrito profundiza en áreas temáticas relevantes para aspectos de su vida personal y su crecimiento que puedo garantizar que le devolverán esa sonrisa a su rostro. Es un libro claro, enfocado y sobre todo legible, que te gustará.

 CAMINO AL ÉXITO FINANCIERO

¿Nunca puede suceder?

Mientras que el pesimismo nos advierte de los peligros que acechan ante nuestros propios ojos, el optimismo puede llevarnos a una falsa seguridad. El pesimismo sólo debe considerarse inicial y no un predicamento final en cualquier situación - este es el primer paso hacia el éxito.

Una y otra vez, hemos estado sujetos a instancias que son perturbadoras, y en lo más profundo de nosotros mismos nos damos cuenta de los peligros y riesgos potenciales que nos rodean, y la voz rechaza categóricamente esta situación amenazante que nos confronta, como tal, porque no reconocemos esta voz, nuestro aferramiento mental al mundo exterior nos aleja de la voz interior de la **VERDAD**, lo que nos aleja totalmente de las vías por así decirlo.

El segundo paso hacia el éxito y la riqueza es convencerse a sí mismo de la importancia del autocontrol, la autoconciencia y la autodisciplina.

Debemos escuchar la voz interior y darnos cuenta de la existencia de la fuerza innata o la Voluntad Dinámica - el poder poderoso que expresa a través de la mente, el cuerpo y el intelecto! Por lo tanto, el segundo paso califica que usted desarrolle la fe no sólo en lo que puede hacer y lograr, sino sobre todo en el desarrollo de la fe en sí mismo (sus cualidades innatas, inherentes y latentes).

El tercer paso requiere que a través de la vigilancia constante, empleando el poder de la inteligencia, el auto-análisis y la introspección, y a través de la comprensión y el uso cuidadoso de estos conceptos, usted pueda aprender a vivir más allá de las demandas de la mente en cualquier ambiente en el que se encuentre - esto lo calificará para implementar y abrazar el camino hacia la riqueza.

No existe tal cosa como un almuerzo gratis. Si usted odia hacer cualquier trabajo/esfuerzo pero le encanta alcanzar el éxito, tendrá que reconsiderar sus puntos de vista.

Así que para lograr esto último, hay que hacer lo primero y la idea sensata es averiguar qué es lo que realmente nos da

 CAMINO AL ÉXITO FINANCIERO

placer y luego averiguar si es posible ganar dinero con ello.

"**Si no empiezas, no tendrás éxito.**

Persiguiendo la riqueza

La afirmación "la prisa hace que el despilfarro sea cierto incluso hoy en día, y la mayoría de las veces, algunos de nosotros tendemos a sentirnos frustrados cuando no podemos estar a la altura de nuestros ideales y de las normas que nos fijamos todo el tiempo.

En otras ocasiones, podemos sentir que si hubiéramos aceptado el desafío que se nos presentó, tal vez las cosas habrían cambiado para mejor, pero también existe la posibilidad de que en nuestra sobre ansiedad por alcanzar la meta nos esforcemos demasiado y nos quememos por completo.

¿Te ha pasado esto a ti?

La pregunta que queda por plantearse es: ¿cómo empezar, cómo lograr el éxito en la vida?

Pues bien, amigo mío, ten la seguridad de que este libro ha sido escrito para responder satisfactoriamente a esta pregunta, eliminando toda confusión o anomalía.

Hay muchas estrategias que uno puede emplear y varios medios a través de los cuales uno puede arar para alcanzar la meta. Un rasgo común en todos ellos es la auto-creencia, la auto-justicia o la honestidad y la vida ética (en palabras, hechos, pensamientos y acciones) que pertenecen a su estilo de vida - este es el cuarto paso.

En cualquier negocio, el énfasis en las normas morales y éticas es el más alto, y esto no debe ser ignorado o pasado por alto.

La única manera de lograr la ecuanimidad, el equilibrio o el equilibrio, incluso después de convertirse en el individuo más rico, es tener el sentido de darse cuenta de la verdadera esencia de la vida.

Nada en la vida es constante. La vida está siempre cambiando y las cosas que parecen tener existencia hoy pueden dejar de existir mañana y este es un hecho que ustedes - y todos los demás - deben aprender a aceptar.

Paso cinco, cuando descubres algo profundo y hermoso, la tendencia natural es compartirlo con los demás.

En los siguientes capítulos lo que descubrirás son las verdaderas formas de lograr el éxito completo, y este es un libro que te permitirá desatar tus cualidades innatas en primer plano, permitiéndote así cosechar los beneficios y las recompensas que miles de personas en todo el mundo en este mismo instante están disfrutando porque se han vuelto ricas.

Siguiendo la guía dentro de las siguientes páginas, y creo sinceramente que cada persona tiene el potencial para tener éxito en la vida.

"La riqueza es más que sólo dinero."

La Escalera al Éxito

Es el privilegio del hombre alcanzar la grandeza total, y en realidad el éxito debe ser el hábito de cada uno. El hombre es esencialmente perfecto, y por lo tanto infinitas son las posibilidades que yacen dormidas en él.

Para sacar lo mejor de nuestro interior, una vida organizada y perfectamente disciplinada para el descubrimiento de las potencialidades que nos acechan, es una vida bien gastada.

El punto vital no es cuántos talentos tiene cada uno de nosotros, sino que la importancia debe centrarse en cuántos de nuestros talentos, atributos y capacidades existentes estamos preparados para desarrollar, explotar, explorar e implementar en nuestra vida cotidiana.

La pregunta que debes hacerte es si estás haciendo un uso práctico de al menos un gran talento inherente a ti. El único principio fundamental supremo es entender que todo nuestro éxito depende enteramente de nosotros mismos.

La mejor manera de ser feliz es hacer las cosas que naturalmente amas y disfrutas haciendo - algo que te apasiona absolutamente! De la misma manera, la mejor manera de tener éxito y hacerse rico es asegurarse de que usted logre las cosas que ha deseado sinceramente buscar en la vida. Esto requerirá que usted implemente sus esfuerzos en actividades que le permitan medir el éxito.

Por ejemplo, la forma sencilla de explicar esto es tomar en consideración el siguiente ejemplo: si te gusta el arte, la pintura y el dibujo, entonces la forma de proceder es buscar orientación sobre las formas de participar en los concursos, y las formas de presentar su obra de arte a través de las galerías (acercarse a las galerías directamente y dejar su obra a la venta o a cambio) o de los editores de arte o incluso exponer su talento mediante la participación en ferias de temporada donde encontrará una gran cantidad de todo tipo de minoristas.

Es posible que desee agregar varios tipos diferentes de temas a su portafolio de arte a fin de maximizar sus capacidades para llegar a una audiencia amplia con intereses en diferentes temas/temas.

Grupos de contacto, foros e incluso grupos de noticias en Internet y explore otras vías (como fotógrafos, galerías de fotos y marcos, consejos de arte y organizaciones gubernamentales que le proporcionen ayuda, incluyendo préstamos, etc.) que le permitirán intensificar su investigación - la idea es perseguir la meta sin descanso y con una actitud positiva.

En lo que respecta a su tema/tema, publique preguntas, encuestas, sondeos y determine qué es lo que la gente está buscando, y luego simplemente encuentre la necesidad y llénela.

Cada pequeño detalle ayudará, pero es la fuerza necesaria para poner en marcha el impulso y ese es el punto clave. Otro punto útil no es simplemente intentar, intentar y seguir intentándolo, sino desarrollar una actitud en la que se haga lo que se ha decidido hacer, implementar y aplicar las estrategias que se muestran en este libro.

Por último, no se limite a eso: mantenga la fe y no se rinda a ninguna derrota. Una vez que hayas decidido poner el "plan" en acción, asegúrate de que se mantenga encendido y brillante... los rechazos y las decepciones no deben de ninguna manera reducir tu esperanza, tu progreso y tu deseo de éxito. Las personas que han tenido éxito a pesar de todas las dificultades, el dolor y la lucha han inspirado a incontables millones de personas en todo el mundo - es hora de que usted también sea un ejemplo para que otros sigan sus pasos.

Usted debe recordar que los métodos empleados por diferentes individuos en la obtención de riqueza pueden ser distintos, pero la meta es común a todos, y los pasos mencionados anteriormente son en efecto sus herramientas para su éxito general.

Se necesita una fuerza de voluntad muy fuerte para desarrollarse internamente, y la necesidad de dos atributos muy importantes, a saber, el valor y la confianza, son ingredientes esenciales. Así pues, la pobreza y la prosperidad no dependen necesariamente del conocimiento en su totalidad (por ejemplo, la perspicacia empresarial, las estrategias de marketing, etc.), sino que dependen ciertamente de las tres C y son el carácter, la creatividad y las capacidades innatas.

El valor y la confianza por sí solos pueden producir una transformación única, mientras que lo contrario sólo traerá mucho dolor y desesperación en tiempos de angustia y crisis. Sin embargo, a pesar de los problemas de la vida, debemos resistir los obstáculos y las trabas y, como tales, recordarnos constantemente del poder supremo inherente o innato que todos poseemos y que todos podemos desarrollar con éxito a través del discernimiento espiritual. Por lo tanto, ignorar nuestras habilidades y potencial para desarrollar el poder personal que necesitamos para pasar por experiencias que rompen el ego requiere una inmensa fortaleza y disciplina, y te explico en este libro cómo podrías lograr todo esto aquí y ahora.

Sin estas cualidades estás destinado a fracasar, y esa es la razón por la que una gran parte de la gente se siente desanimada porque entraron en competencia o simplemente se rindieron bajo presión, por falta de auto-animo y de fuerza de voluntad dinámica.

Cuando nuestras fantasías y expectativas no se cumplen, hay una tendencia a que volvamos a nuestras viejas costumbres - el vacío que experimentamos puede ser muy molesto y no podemos ignorarlo para siempre. Muchas veces lo que sucede exactamente es que cualquier cosa buena que hagamos en la vida, no significa que continuaremos. Esto no es porque se requiera una disciplina imposible, sino porque carecemos de coraje y confianza, estamos abrumados con una actitud negativa - ¡esto es lo que detiene todo en su camino!

El estallido inicial de entusiasmo comienza a desvanecerse, y lo que parecía tan maravilloso se convierte en un peligro, un dilema y un problema. La mente toma el control y las preguntas superan las dudas que surgen después de que la idea o el concepto entero valga la pena - se produce un conflicto, la mente dice una cosa y el intelecto y nuestra intuición nos impulsa a seguir el camino hacia el `éxito'.

Incluso antes de comenzar el viaje el final es inminente, porque estamos indecisos sobre cuál es el verdadero camino a seguir. El éxito radica en lo que haces de él, no en lo que `piensas' que debería ser (no fantasees con el éxito).

Entonces, ¿cómo podemos empezar?

Fórmula para el éxito

Lo que piensas y cómo actúas es el factor decisivo que te ayudará a descubrir la meta del éxito. Estos dos atributos son importantes junto con un conjunto de principios coherentes, que usted debe seguir. Los pensamientos basados en la razón son un poderoso catalizador para iniciar cualquier reacción, y una vez que te pones en marcha, pronto te darás cuenta de que el coraje es la simple virtud necesaria para que un ser humano atraviese el camino rocoso.

Los obstáculos son naturales, y son un medio para la fuente de adquisición de riqueza, como estoy seguro de que estarán de acuerdo. La persistencia, la paciencia y la perseverancia tendrán que ser practicadas religiosamente para alcanzar la meta y superar los obstáculos. Por supuesto que dicho esto, me gustaría ahora señalar las P's que usted debería desaprobar.

No lo posponga, no finja que lo sabe todo y finalmente no prolongue su 'empresa(s)'. Prepárese para luchar contra los obstáculos que pueden confrontarlo, pero persiga su meta y permita que su potencial fuerza de voluntad predomine.

En cualquier situación de la vida, es inequívocamente importante mantener la cabeza nivelada, a pesar de todos los "altibajos" a los que probablemente nos enfrentaremos. Recuerde que la vida es dualista por naturaleza - el anverso y el reverso de la misma moneda para decirlo de manera simple. Me veo obligado a añadir que aunque sabemos que el pasado es la causa y el presente el efecto, es evidente que con el tiempo el presente mismo se convierte en la causa con referencia al futuro.

Hay un significado muy profundo enredado en esta sintaxis, y si se puede relacionar con el éxito, entonces se puede decir que si vivimos inteligentemente en la autodisciplina científica, podemos convertirnos en los arquitectos de nuestro propio futuro.

CAMINO AL ÉXITO FINANCIERO

Los Pasos Básicos

Las siguientes pautas le ayudarán a allanar el camino hacia el éxito final.

Los pasos son muy sencillos de implementar en su vida diaria.

1. Haz lo que amas y en lo que eres bueno.

2. Estar preparado para aprender y ser positivo (motivación y entusiasmo).

3. Sea un individuo innovador.

4. Esté preparado para invertir no sólo dinero, sino también tiempo, esfuerzo y recursos.

He mencionado el dinero - esto no significa que tengas que invertir una gran suma para convertirte en millonario o rico.

5. Usted debe ser disciplinado al establecer metas y objetivos. Recuerde que la persistencia es la clave del éxito.

6. Usted debe estar preparado para manejar su tiempo de manera efectiva.

7. A medida que evolucionas, aprende a devolver lo que amas a la sociedad. Yo llamo a esto filantropía.

Debes tener una visión sólida - una en la que te veas a ti mismo habiendo alcanzado el éxito. Grandes personas del pasado y del presente se encargan de que alcancen este codiciado puesto, empleando estos pasos básicos.

Sin embargo, observen que en el paso 2 utilicé deliberadamente la palabra `aprender', y eso también por una muy buena razón. La vida es el mayor maestro, por lo tanto debes estar dispuesto a aceptar desafíos todo el tiempo (usando el poder de la discriminación) y así como resultado debes aprender a través de sus principios eternos la magnífica doctrina que ha revelado con el paso del tiempo. Esto significa que debe actuar en el momento adecuado.

La acción es increíblemente importante y pone de relieve el éxito: ambos son sinónimos de honestidad. Para tener éxito se necesita acción, pero el ingrediente esencial es la seriedad. Ser demasiado serio puede arruinar su negocio, así que el punto es divertirse.

Cualquier disciplina requerirá organización y orden. Como mencioné en la introducción, debes estar preparado para escuchar tu voz interior todo lo que puedas. Esto significa que en lugar de depender demasiado de su familia, amigos, etc. (no es que esto sea malo) empiece a tener fe en sus propias capacidades.

Por sí solo y esforzarse por aprender y tener éxito. A menudo, los fracasos pueden ser el resultado de casos en los que hemos dejado de ejercer nuestros propios puntos de vista o nos hemos vuelto demasiado dependientes de los de los demás.

El éxito no es un secreto que tienes que buscar o desenterrar para llegar a tu destino; es más bien la comprensión o el factor de reconocimiento que desarrollas con respecto a lo que realmente quieres en la vida. Intuición, coraje, habilidades, conocimientos, retos y oportunidades son algunos de los conceptos que determinan los rasgos de las personas que disfrutan de la riqueza. Cualquier tarea realizada con el espíritu adecuado te dará la victoria. La actitud mental es lo que te dará éxito, pero la actitud negativa, la pereza y el trabajo involuntario resultarán en el fracaso.

No espere demasiado en poco tiempo, pero su enfoque debe ser positivo y ejecutar su tarea con absoluta perfección, prestando especial atención a su(s) objetivo(s) a largo plazo. Esto significa que se acercan a su deber con energía concentrada y ejecutan sus planes con rectitud. Esta debería ser tu filosofía de vida.

Para comenzar una nueva empresa, es de vital importancia que te des cuenta de lo siguiente, que tengo que decir que es crucial. Usted tiene que apreciar el hecho de que para iniciar un negocio necesita familiarizarse con el término flujo de caja. La inversión en forma de capital es un requisito, pero lo más importante es el concepto de viabilidad de la empresa.

Pasos hacia la riqueza personal

La toma de decisiones es quizás el paso más difícil de dar en su búsqueda para comenzar el viaje hacia la riqueza. El problema es que hasta que no profundices en ti mismo para desbloquear tus cualidades innatas, las posibilidades son que seas indeciso y vacilante. Esto no está mal como tal, pero la mayoría de las veces este "sentimiento" puede no permitirle maximizar todo su potencial.

No hay ningún secreto para liberar todo tu potencial - el "secreto" reside en tu disposición a escuchar tu voz interior. La iniciativa de aprovechar una buena oportunidad que se te presenta es emprender la tarea de una manera metódica.

Siéntese tranquilamente, calme sus sentidos y pensamientos, y medite profundamente en el tema en cuestión. No saltes a nada de una vez sólo porque la idea parezca favorable. La mayoría de las cosas parecen muy "buenas" en la fase inicial, pero pensar, planificar y disponer de tiempo es un requisito previo. A menudo es algo dentro de ti lo que te dirá qué hacer. El secreto no es necesariamente de afuera, sino que puede ser adquirido desde adentro.

Esforzarse por hacer lo mejor posible en todo momento es el pequeño secreto que le ayudará a acumular riqueza. La imaginación (es decir, la imaginación constructiva), que es el poder de visualizar, es un factor importante en el pensamiento creativo - pero como se puede apreciar, no será posible hacer esto sin una voluntad fuerte, y sobre todo esta facultad de visualización tiene que madurar en una creencia y convicción firmes.

1. Usted debe tener el deseo de alcanzar su meta de fama - esta es la regla número uno.

2. Esté preparado para manejar el dinero de manera eficiente con respecto al presupuesto, los gastos y la responsabilidad y/o la rendición de cuentas.

3. No gaste más de lo que se le exige y gaste menos de lo que gana.

4. Los problemas personales, incluyendo la

adicción no sólo a las drogas, etc., pueden ser ruinosos. Esto es algo de lo que hay que ocuparse desde el principio.

5. Descubra formas de invertir y, sobre todo, empiece a ahorrar dinero. Tendrás que jugar inteligentemente y tener tus prioridades absolutamente correctas.

En cualquier empresa, es probable que se enfrente a un gran antagonismo, muy lejos de una situación idealista. Por encima de las expectativas, del optimismo y de la tendencia a "desear" que las cosas funcionen según lo planeado, puede y a menudo puede llevar al fracaso.

Por lo tanto, como se mencionó anteriormente, la planificación es muy importante para su éxito. Por supuesto, los otros factores que hay que tener en cuenta también son el exceso de trabajo y el agotamiento. En la esperanza de hacer sus millones, la probabilidad es que usted se convierta en un naufragio frustrado y se convierta en un desánimo - esto no será útil en su progreso o búsqueda de riqueza.

Alcanzando su meta

Cuando persista en negarse a aceptar el fracaso, sepa que el objeto que se ha propuesto lograr se materializará a través de la fuerza de voluntad dinámica.

Los pensamientos pueden ser herramientas increíblemente poderosas, y si estás dispuesto a implementar este don divino entonces estás seguro de alcanzar tu meta. Si te aferras a un determinado pensamiento con fuerza de voluntad dinámica, éste asume una forma externa tangible.

Ahora es el momento de cauterizar las características negativas inherentes en forma de hábitos, falta de fuerza de voluntad, falta de confianza, vacilación y actitud equivocada hacia la vida en general. Tienes dentro de ti el poder de lograr todo lo que quieres, ese poder reside en la voluntad. La causa principal del fracaso en la vida es la falta de concentración - no se acumule con ideas, conceptos y estrategias de una sola vez con la esperanza de tener éxito. Comience lentamente y sea consistente en su esquema de fijación de metas.

Concentre su atención en una cosa a la vez, y no permita que su MENTE entre en un estado de "sobrecarga". Hay una forma científica de utilizar la concentración, y la palabra mágica es mantener la calma, mientras realizas todas tus tareas con la velocidad correcta.

NO se apresure y cree caos, sino que más bien enfoque metódica y meticulosamente y centre toda su mente en lo que emprenda, y lo importante es mantener su mente flexible.

Una vez que sepa que está realmente en el camino correcto y en el camino hacia el logro de su objetivo, tenga cuidado en lo que respecta a la gestión del tiempo. A menudo es muy fácil involucrarse tanto en un proyecto que uno puede dejarse llevar por el perfeccionamiento de lo que sea que esté haciendo.

Usted debe priorizar su trabajo y sobre todo respetar y honrar el valor del tiempo - ¡no pierda su tiempo y su vida!

Las claves del éxito

Como ya he mencionado, el medio ambiente desempeña un papel muy importante, ya que es bastante inevitable, especialmente nuestro entorno interior.

Un individuo tranquilo y relajado es mucho más probable que salga vencedor en una situación difícil que su contraparte - una persona a la que sus nervios frustrados y erráticos. El primero tiene sus sentidos plenamente identificados con el entorno en el que se sitúa.

Sin embargo, el individuo inquieto no entiende el medio ambiente y, en consecuencia, se mete en problemas. Las palabras clave son enfoque, concentración y cuidado en todo lo que haces en la vida.

1. Desarrolle una meta/objetivo definido y bien definido.

2. Elaborar un plan/programa inteligente y viable.

3. Cuida tu salud. Sin salud no hay riqueza real.

4. Debes conservar tu energía.

5. Sea honesto en su vida (en palabras, hechos, pensamientos y acciones).

6. Apéguese a las virtudes y adopte buenos principios.

7. Reflexionar sobre las personalidades ideales y buscar la fuerza de su filosofía.

8. Busca la guía divina y sé sincero.

9. Esfuércese por ayudar y servir a otros con gratitud.

10. Siempre piense en positivo y crea en el poder de Dios.

El pensamiento transformador es, en efecto, el camino hacia el éxito. Establezca un plan para alcanzar su meta y rumie deliberadamente sobre el significado de este plan y hágalo realidad.

Desde tiempos inmemoriales, grandes personas de todas las profesiones y condiciones sociales han surgido como verdaderos vencedores y la razón detrás de esto es entrenar la mente para la felicidad. La disciplina ética es esencial, particularmente la autodisciplina.

Cada individuo es único. Lo que es bueno para la persona A puede no ser adecuado para la persona B. Sin embargo, hay que enfatizar que todos pueden disfrutar de la quietud, la soledad y el silencio, y para ser honesto cada individuo, independientemente de su edad, casta, credo, color, sexo, ha experimentado en alguna etapa u otra paz.

Después de descubrir a través del método de ensayo y error, usted puede determinar la forma precisa de componer su complejo mente-cuerpo y así alcanzar grandes alturas.

La meditación puede no ser efectiva para todos, pero eso no significa que no improvises tales métodos cómo y cuando sea necesario.

Sea sistemático, y su única meta debe ser emplear métodos que le traigan éxito y felicidad.

Nuestras facultades mentales determinan nuestras acciones, y es bastante obvio que la mente debe ser domada y sometida. La vigilancia constante es necesaria y el entrenamiento continuo de la mente allanará el camino hacia el éxito final.

No caigas presa de los dictados de tu mente!

Los ideales optimistas, heroicos y nobles tienen un efecto poderoso y edificante sobre el cuerpo. El entusiasmo con una auto aplicación deliberada y bien orquestada en un estado de ánimo alegre y un optimismo absoluto es el camino secreto hacia la riqueza para todos los grandes hombres.

El poder de los pensamientos

El capítulo anterior destacó la importancia de cultivar una actitud correcta y desarrollar la fe en lo que se busca lograr en la vida.

Nada en la vida es imposible, a menos que tú lo creas así. Los pensamientos son notables 'paquetes' de energía y si te aferras tenazmente a un cierto pensamiento con la fuerza de voluntad dinámica, no hay razón por la cual este pensamiento no pueda manifestarse de acuerdo con el plano que has creado.

Anteriormente mencioné brevemente al

explicar cómo una persona interesada en el arte puede aumentar sus habilidades para sobresalir en la vida. Ahora usaré el mismo ejemplo para ilustrar el poder del pensamiento. Un artista desarrolla una idea de crear una pintura o un dibujo de un hermoso paisaje.

El proceso de pensamiento inicia una serie de ideas y el artista posteriormente las utiliza para producir el trabajo esqueleto, lo que le permite completar la obra de arte final de acuerdo con el plano mental creado inicialmente. Un mero proceso de pensamiento permite al artista crear la obra maestra!

Esta creación es en sí misma un principio científico basado en la Ley Universal de la Creación. Es la fuente desde la cual todo se manifiesta. Está en todos nosotros, y sin duda se puede aprovechar si estás dispuesto a intentarlo. El secreto no es realmente un secreto, pero es un tesoro escondido dentro de todos y cada uno de nosotros y tenemos el derecho de usarlo de la manera más eficaz.

¿No es cierto que cuando ves a alguien tan feliz y eufórico, tu mente se enreda con la alegría y descubres que hay una sonrisa en tu cara?

Los pensamientos están tan estrechamente entretejidos con la mente. Si los pensamientos están en calma, la mente está en calma. En cualquier aspecto de la vida, ya sea comenzar un negocio, conseguir tu primer trabajo o casarte, la relación entre la mente y el pensamiento es lo más importante.

Sistemáticamente, por lo tanto, debemos entrenar y disciplinar la mente para el pensamiento correcto y la actividad diligente, y así tener una comprensión correcta de lo que realmente quieres en la vida, y cómo esto se sumará al dinamismo efectivo en tu búsqueda y lo que en última instancia buscas - ¡tu camino hacia el éxito y la riqueza se volverá graciosa, significativa y alcanzable!

Las personas con ciertas cualidades son atraídas casi magnéticamente, y tales cualidades son llamadas cualidades positivas. Estas cualidades están presentes en todos nosotros, pero no se invocan ni se entienden claramente. Sabemos lo que significa el amor, la bondad, el coraje y la alegría, son virtudes nobles, y también las reconocemos como cualidades que admiramos en los demás.

A pesar de saber esto, cuando actuamos, actuamos comprometiendo ideales. La razón detrás de esto es que nunca somos fieles a nosotros mismos - estamos constantemente actuando y montando un 'show' para complacer a todos los que nos rodean, ¡menos a nosotros mismos! Es doloroso, desmoralizante y bastante agonizante no ser tu verdadero yo.

Puedes exclamar con incredulidad, y sentarte, ¿qué tiene que ver esto con la riqueza y la prosperidad? Reconozco su preocupación, pero le pido humildemente que se tome un momento o dos, y que en el silencio de la noche reflexione profundamente sobre este punto. Me gustaría que pusieras en práctica lo que he mencionado anteriormente siendo tú mismo.

Noten los cambios que ocurren con el paso del tiempo, y lo que verdaderamente descubrirán es que cuando uno puede expresar la fragancia de sus cualidades o características positivas innatas (de quiénes son realmente), entonces no sólo las personas sino todas las cosas que siempre han deseado o deseado vendrán a ustedes.

"Como el pensamiento, así es la mente."

Para poder cumplir con sus metas y sus sueños, es necesario practicar lo que el libro describe.

La inclinación habitual de nuestros patrones

de pensamiento es, en última instancia, el factor decisivo que determina nuestras habilidades, talentos y características personales. Basado en este conocimiento crítico y vital, uno asume que esos pocos afortunados han nacido con el talento especial que usted carece y desea fervientemente tener.

En gran medida esto es cierto, pero hay que decir que nadie nace millonario, ¡y punto! La información valiosa reside en el arte de cultivar el patrón que trae el éxito. Somos lo que pensamos que somos.

Es verdad cuando los Maestros dicen: "Tus pensamientos crean el ambiente".

- Los pensamientos desarrollan la personalidad
- Los pensamientos promueven la salud
- Los pensamientos influyen en el cuerpo
- Los pensamientos pueden cambiar y dar forma al futuro (destino)
- Los pensamientos traen la creación
- Los pensamientos influyen en la fisiología y psicología de las personas
- Los pensamientos pueden traer éxito
- Los pensamientos pueden incluso curar el cuerpo

Observa tus pensamientos constantemente. Sus experiencias y el medio ambiente tienen su "asiento" en los pensamientos.

Su sugerencia y autosugestiones a través de técnicas de meditación y visualización deben ser más fuertes que los `pensamientos, y cuando sus acciones los eleven, sepan que han comprendido el arte de controlar sus procesos de pensamiento.

Puedes lograr cualquier cosa a través del poder del pensamiento. La visualización utiliza su imaginación para permitirse 'imaginar' su éxito o lograr su objetivo serio.

Tus pensamientos o vibraciones mentales son increíblemente poderosos, porque la mente tiene una conexión tangible con tus pensamientos y tus acciones. Sus pensamientos son energías sutiles y tienen una fuerte conexión con nuestra conciencia.

Por lo tanto, la alimentación constante de pensamientos positivos a través de la visualización, el yoga y la meditación traerá armonía, felicidad, salud y riqueza!

Factores que provocan inercia

Lo primero y más importante es la introspección, y esto significa literalmente que usted hace un balance de sus rasgos y hábitos.

A menudo, la falta de auto-análisis es la causa de nuestra caída corta, y es la falta de un esfuerzo definido, indivisible y la atención que se interpone en su camino hacia el progreso y el logro de su objetivo deseado.

Por lo tanto, la introspección significa reevaluar nuestro "bloqueo" mental y diagnosticar las deficiencias eliminando las tendencias negativas en forma de hábitos, indecisión, miedo, falta de confianza, etc., lo que a menudo denominamos fracasos.

Es hora de revitalizarse para que al desarraigar todas estas negatividades de su vida, la verdadera felicidad con el celo de progresar se vuelva prominente y firmemente arraigada.

El mayor enemigo que nos impide avanzar en la vida aparte de la apatía, la falta de confianza y el complejo de inferioridad es el MIEDO. El miedo literalmente nos impedirá seguir adelante - de hecho, ni siquiera cumpliremos nuestro objetivo de tener éxito. La mejor manera de combatir el miedo es practicar ejercicios de respiración profunda, y cada noche afirmar mentalmente que estás bajo la protección de la personalidad suprema de la divinidad, y energizar tus pensamientos con sentimientos positivos.

Desarraiguen conscientemente las semillas del miedo desde adentro mediante una concentración forzada en el coraje, y cambien su conciencia a un nivel que les permita apreciar plenamente que están más allá de cualquier tipo o clase de dolor. El miedo viene del corazón, así que llenen su corazón de AMOR, y cuando se sientan agitados relájense, cálmense y respiren rítmicamente, relajándose con cada exhalación.

Por supuesto que hay otro problema, que creo que es la principal causa de frustración y que posteriormente disminuye nuestra capacidad para sobresalir en la vida. Es lo que yo llamo "deseoso de resultados sin la voluntad de hacer el esfuerzo".

Personalmente he fracasado debido a una perspectiva tan negativa, y soy el primero en admitirlo abiertamente.

Ahora bien, aquí es donde se aclara lo que he dicho antes. El fracaso, el dolor, la enfermedad y las insuficiencias son eventualidades naturales cuando la Ley de la Naturaleza es quebrantada.

La transgresión y la violación de la ley eterna de la naturaleza trae miseria. Como seres humanos tenemos la capacidad de moldear, corregir y cambiar nuestras vidas, metas y destino.

El mayor impedimento que encontrarás en tu vida es tu entorno inmediato. Si hay algo que usted tendrá que cambiar - puede que haya notado que empecé este libro sonando un poco cínico y un poco sobre cauteloso, y mucho menos un poco negativo - la razón principal de esto ahora se hará evidente.

El entorno que acabo de mencionar puede definirse en dos, a saber, el interior y el exterior. Son estos dos campos del medio ambiente de los que tendrá que estar atento.

Todas tus experiencias provienen de tus cosas mentales - o del ambiente interior (pensamientos). Lo que ustedes perciben a través de todos sus sentidos desde el exterior también dará forma a su futuro.

Por lo tanto, el punto importante aquí es vigilar sus pensamientos. Mi sugerencia es que tengan cuidado con su entorno interior más que con su entorno exterior. Por ejemplo, es posible que se haya encontrado con una gran oportunidad de negocio en casa que es potencialmente excelente y justo para usted en todos los aspectos.

Estás contento y dispuesto a intentarlo... pero en retrospectiva, algo sobre este negocio te impide seguir adelante con él. Puede haber varias razones para esto, pero tengo mucha curiosidad por saber la razón principal. Tenga la seguridad de que no puede ser el dinero (porque está dentro de su presupuesto), ni puede ser un bombo (porque aparentemente ha funcionado para miles de personas con testimonios para confirmar).

Entonces, ¿qué es lo que me pregunto? Piensa en este punto, y sin duda llegarás a una conclusión favorable....y sorprendentemente lo es, las cosas de la mente - el perpetrador.

Para tener éxito en la vida tendrás que empezar por corregir tus patrones de pensamiento, porque es la compañía de tus pensamientos y la afinidad que tienes con ellos lo que determinará tu destino.

"Los pensamientos se expresan a través del cuerpo físico."

El factor de riesgo

Sin desviarme del tema, quisiera recordarles lo que mencioné en las primeras etapas del libro sobre la naturaleza dualista de la vida.

¿Por qué es que algunas personas son tan afortunadas y otras se quedan atrás en la lucha por el éxito?

Esto no es cierto, como todos sabemos, sin embargo, lo que hace a una persona más rica que la otra depende en gran medida de la elección o de la decisión tomada, junto con el riesgo o riesgos reconocidos a través de una mayor comprensión del poder de la discriminación y de la capacidad de sopesar y equilibrar las escalas de su facultad intuitiva.

Ahora el riesgo que usted toma tiene que ser uno basado en el entendimiento de que la empresa que usted ha decidido perseguir ha sido investigada a fondo. Usted sólo se embarca en la realización de un examen de conducir, por ejemplo, una vez que siente que es lo suficientemente competente como para aprobarlo y no de otra manera.

Por lo tanto, el riesgo que usted asume en este sentido tiene que ser lo que yo llamo un riesgo informado. En otras palabras, es uno en el que se tiene confianza en lo que se está metiendo, y esto también se basa en la fuente de información que se ha buscado bien.

El hecho de que ahora esté leyendo este informe es para comprender cómo lograr el éxito financiero - por lo tanto, este informe es de alguna manera su herramienta de investigación que le permitirá implementar las técnicas y los consejos descritos para lograr el objetivo. Por lo tanto, las medidas adoptadas proceden directamente de una fuente que puede considerarse auténtica, valiosa y genuina.

Una vez que te sientas seguro de que vas a realizar el examen de conducir con la guía del instructor de autoescuela, decides realizar el examen de conducir - esta es la manera perfecta de asegurar el éxito. Deseo corregir una cuestión que ya se ha planteado anteriormente y que tiene que ver con el aprendizaje.

Usted debe estar dispuesto a aprender constantemente, porque para obtener cualquier habilidad, conocimiento y poder, usted debe estar preparado para **APRENDER**.

El compromiso es la fuerza vital a la que hay que acostumbrarse desde el principio. Recuerde que hay ciertas situaciones en las que usted puede no tener control directo para traer cualquier cambio previsible, lo que puede resultar en mucho dolor de cabeza.

Sin embargo, esto no tiene por qué ser así porque lo que realmente importa es el mecanismo o la manera en que se controla la situación y, en última instancia, la forma en que se reacciona ante ella.

El problema con nosotros es que tendemos a vivir en el pasado y en el futuro al mismo tiempo. Cuando nuestra facultad mental se sobrecarga, nos desanimamos.

La carga es demasiado pesada para la mente, así que debemos restringirla. Cuando tenemos demasiado que hacer en un momento dado, debemos detener de inmediato nuestras actividades. El reloj avanza a un ritmo regular, no puede estar a veinticuatro horas de distancia en sesenta segundos, ni se puede hacer en una hora lo que se puede hacer más eficazmente en veinticuatro horas. Vive para el ahora, y el `futuro' se ocupará de sí mismo.

No seas codicioso y sobre todo no te quemes por 'querer' convertirte en millonario!

Las cosas han cambiado, más y más gente está recurriendo a un simple estilo de vida de vuelta a lo básico - sin tantos lujos y menos preocupaciones.

El concepto dualista de la naturaleza prevalece en todas partes - no se puede prosperar si se emiten cheques sin tener fondos creíbles o crédito (depósito) en su cuenta bancaria, tarde o temprano se le acabará el dinero.

Sin paz mental, el probable capó de quedarse sin 'vapor', felicidad, calma y fuerza, usted se convertirá en un 'quebrado' mental, emocional, espiritual y físicamente agotado. Qué lástima que todo habrá sido llegar a un punto de desolación total!

Es entonces cuando debes morar en el poder interior y afirmar mentalmente tu propósito en la vida; es posible que quieras pasar por alguna experiencia placentera para que te olvides completamente de tus preocupaciones. El punto es no tomar nada demasiado en serio, disfrutar de lo que tienes y ser feliz con lo que te corresponde.

 CAMINO AL ÉXITO FINANCIERO

Lo que debe evitar

Es natural que cuando ocurre lo imprevisto, es mucho más probable que reaccionemos de manera negativa. Sin embargo, esto no tiene por qué ser así, el libro revela formas de lograr su objetivo de manera armoniosa y diligente.

Los siguientes son algunos consejos que le serán de gran ayuda:

1. Cuando las cosas van mal, no reaccione de forma exagerada. Piense positivamente y con calma.

2. No juzgue demasiado, ni critique demasiado.

3. Trate de no ignorar una mala situación, tenga cuidado con la zona de confort.

4. La sabiduría y la fuerza por sí solas pueden ayudarle a superar muchos de los problemas inminentes de la vida.

5. Enfrentar los problemas de frente.

6. Evite la codicia y la vanidad de cualquier tipo.

Existe una ética empresarial y un hombre de negocios debe practicar esta ética. Aquellos que son estrictamente honestos y veraces prosperarán en los negocios. Consideremos una vez más el arte como un ejemplo para destacar lo que se ha discutido hasta ahora. Como todos sabemos, tenemos poderes innatos - dentro de cada uno de nosotros yace el almacén de energía latente que estalla para ser `despertado'.

Supongamos que usted tiene el poder creativo, y que siendo un artista, por ejemplo, puede virtualmente pintar y dibujar cualquier tema o tema.

Es justo, es obvio que tienes un talento considerable, ya que no todos los artistas tienen esta habilidad. Puesto que usted es consciente de esto, puede asumir que debido a que su obra de arte es buena, tiene un buen potencial para ser vendida. Es cierto, pero consideremos todos los factores que hay que tener en cuenta paso a paso.

1. Usted puede ser un muy buen artista, pero si su trabajo no es notado y apreciado, no tiene ningún beneficio real. Por lo tanto, es importante que su trabajo sea notado (a través de la exposición máxima) y la forma de hacerlo es establecer su nombre.

Esto requiere que contactes con las fuentes adecuadas y te acerques a los artistas que han pasado por la "misma" curva de aprendizaje para alcanzar el camino de la prosperidad. Se debe tener en cuenta la competencia que pueda existir en el campo elegido. Usted debe preparar una buena base - esto se puede hacer usando la información dentro de las páginas de este libro.

2. Su obra de arte puede ser excepcionalmente bella, pero sin entender la dinámica del mercado su obra puede no florecer.

3. Desde su perspectiva personal, su trabajo puede parecer tener un gran potencial. Sin embargo, es importante apreciar las opiniones del público en general, es decir, de sus compradores potenciales.

No te metas en la rutina que la mayoría hace, "escuchar lo que queremos escuchar" es un tipo de precondición que puede traer una miseria indecible.

4. Debes buscar en otras áreas para

desarrollar tu potencial. Amplíe la categoría/tema del tema, el uso de diferentes tipos de medios de comunicación (por ejemplo, acrílicos, óleos, medios mixtos, etc.), decidir cómo promocionar su trabajo, incluso puede que desee vender originales o reproducir impresiones.... Las posibilidades son infinitas, la pregunta es qué tan decidido está usted en su búsqueda del éxito.

La psicología del éxito depende de muchos factores, pero el que creo que es más vital es la confianza en uno mismo. La mayoría de las personas nunca llegan a la primera etapa del éxito porque carecen de esta característica, que es esencial.

Tal condicionamiento a menudo proviene de sus experiencias personales, pero el factor causal es el medio ambiente, que ya ha sido discutido. Aunque es bueno ser cauteloso sobre cualquier cosa que hagas en la vida, es igualmente esencial que no te enredes en los tecnicismos del "proceso", sino que te concentres en los beneficios y la recompensa final que produce.

Dedique su meta a lograr el éxito implementando las cinco palabras cardinales que comienzan con la letra D a su éxito, a saber, Devoción, Discriminación, Disciplina, Determinación y Deber.

No hay nada de malo en hacer preguntas sobre las propuestas que se te presenten o incluso sobre las oportunidades de negocio que pretendas buscar. Siempre y cuando estas preguntas proporcionen todas las respuestas y que usted decida seguir adelante considerando todos los factores, entonces todo está bien y es bueno.

Sin embargo, cuando sus preguntas derrotan el propósito mismo de su investigación, entonces se convierte en un "círculo vicioso".

¿Por qué, qué, dónde, cuándo, quiénes son las palabras que usamos a menudo para averiguar información sobre todo en la vida -incluyendo los negocios-, dando lugar a preguntas.

La pregunta con la palabra por qué es necesaria nos ayudará a sacar una conclusión perfecta y nos ayudará a superar las dudas. El problema con esto es que si usted no tiene claro su(s) meta(s), entonces la misma pregunta por la cual usted desea seguir adelante con el emprendimiento carece de sentido.

Lo que debe tener en cuenta son los probables objetivos a largo plazo, los beneficios y cómo su primer paso hacia la riqueza y el éxito le permitirán disfrutar de mayores alturas.

Los errores inevitables

Como seres humanos estamos muy inquietos - a menudo nos sentimos abrumados por la alegría, el éxito o la gratificación. Es muy importante mantener la calma durante tales eventos, porque la emoción puede llevar a problemas, de los cuales uno está gastando demasiado.

Dicho esto, también es muy importante darse cuenta de que el éxito puede simplemente 'golpearte', en el sentido de que puedes volverte complaciente y `decidir' no hacer mucho, porque `lo tienes todo'.

Esta es una fase terrible en la que

posiblemente puedan entrar, y de la que deben ser conscientes en todo momento. Sin embargo, lo único de lo que debes tener cuidado es del complejo del ego - no permitas que tu ego se convierta en un impedimento en tu esfuerzo por alcanzar la riqueza.

La mejor medicina para evitar el ego es conservar energía. La energía que se ha generado y conservado, a menos que se dirija a los canales adecuados, será catastrófica.

Debemos controlar nuestros impulsos, y aquí es donde el arte de practicar el equilibrio en la vida se convierte en una herramienta esencial para su éxito. El hablar sin hacer nada es un factor único que puede destruir su deseo de tener éxito.

Recuerde, que las personas que le rodean y la compañía que tiene determinará su éxito futuro - puede que pierda un tiempo precioso, pero los que le rodean lo harán aún peor, contribuirán a la pérdida total de su propio tiempo.

Por lo tanto, como dice el refrán, "lo semejante atrae a lo semejante" debería ser la máxima, y sobre todo usar el sentido común todo el tiempo, y sólo hacer lo que produce resultados positivos.

Ser sistemático también ayudará a evitar confusiones y molestias, que pueden tener un efecto adverso en su negocio y sus objetivos. No acepte trabajos que puedan retrasarlo.

Trate de evaluar la situación, dando mucha

importancia a las prioridades - no deje las cosas para otro momento, no pierda tiempo y, sobre todo, no malgaste su preciosa energía. Si actúa con cuidado, el tiempo se administrará de la manera más eficiente.

Si las palabras, los hechos, los pensamientos y las acciones son buenos, entonces la vida será buena, y cada momento traerá éxito y el "tiempo" que se tome para alcanzar la meta codiciada será....bueno, tu suposición es tan buena como la mía.

"La mente es la causa de la esclavitud y la libertad."

CAMINO AL ÉXITO FINANCIERO

La ley del éxito

Simplemente entendiendo los principios comunes, de los cuales algunos ya han sido discutidos anteriormente, uno puede alcanzar el éxito.

Se debe hacer un esfuerzo consciente para proporcionar buenas experiencias para la mente. La naturaleza ha provisto al hombre de todo en gran abundancia - tristemente aunque los seres humanos no se han dado cuenta de este hecho.

Debes decidirte para tener éxito. ¿Cómo puede hacer esto de manera efectiva?

¿Cómo se puede desarrollar la voluntad? El éxito viene con la planificación, la determinación y la fe sin duda. Para determinar este hecho le sugiero que intente lo siguiente: Elige algún objetivo que creas que no puedes lograr, y luego trata con toda tu energía y fuerza de hacer esa única cosa.

Esto podría ser cualquier cosa, desde dibujar un retrato hasta dominar el uso de la computadora. Cuando hayas alcanzado el éxito, vete a algo más grande y sigue esforzándote por ejercer tu fuerza de voluntad. A pesar de cualquier contratiempo, no hay que sacudirse, sino que hay que sacar fuerza del entorno y, sobre todo, aprender de personas de ideas afines que han buscado el éxito con valentía y sin perder nunca la esperanza.

Recuérdense de gente como Abraham Lincoln, Henry Ford, Madre Teresa y muchos más que han alcanzado la codiciada posición, debido a su poder innato de fe y voluntad dinámica. Recuerde, usted también puede lograr el mismo éxito.

Esta ley puede ser aplicada por cualquiera y funciona. Es cierto que nuestros pensamientos y acciones dan forma a nuestro futuro y destino. Debes estar dispuesto a canalizar tu talento y tus capacidades innatas en la dirección correcta, para que puedas elevarte a nuevas alturas.

Para recapitular lo que se ha dicho hasta ahora, permítanme recordarles lo que se necesita para tener éxito.

- La planificación es crucial y quizás el paso más importante para su éxito

- Prepárese para cambiar sus puntos de vista, hábitos y patrones de pensamiento.

- Sólo persiguen tareas que son importantes. Usted debe dividir sus necesidades de sus deseos - hay una línea muy fina, así que ejerza la discriminación.

- Vigile su situación financiera personal. Haga un buen presupuesto y reduzca los gastos.

- Rodéate de gente con una personalidad positiva y de aquellos que tienen éxito. Lea libros sobre personas que han tenido éxito en la vida.

- No pretendas ser quien no eres. Sé tú mismo y no alardees.

- Amplíe su horizonte y sea entusiasta y ambicioso.

- Es bueno aumentar sus ingresos, pero es aún mejor invertir en activos que lo harán rico.

- Prepárese para trabajar duro y hacer sacrificios.

Las acciones correctas nos enriquecen,

fortalecen y motivan, vitalizando completamente nuestros recursos internos.

El cultivo de tales valores y la adhesión a los valores correctos de la vida nos ayudará a crecer y alcanzar el éxito.

Un régimen y una exposición tan consistentes pueden moldear nuestro carácter y ayudar a redimir nuestras tendencias inferiores.

Tiempo para aprender quién es usted

Yo desaprobaría a cualquiera que se le ocurriera hacer un comentario, diciendo que el éxito es sólo un deseo.

No nacemos fracasados - permítanme que aclare este punto. Todos hemos tenido éxito en nuestras vidas en algún momento u otro, y esta es una **VERDAD** innegable.

Los siguientes puntos seguramente le permitirán entender quién es usted realmente, y eso es una garantía. Una vez que averigües tus propios atributos, será mucho más fácil abrazar ideales que te permitirán

saltar a mayores alturas.

1. ¿Es usted generalmente entusiasta y positivo o todo lo contrario?

2. ¿Te gusta trabajar duro y te esforzarías un poco más si hicieras lo que más te gusta?

3. ¿Estás siendo todo lo que puedes ser? Quizás quieras analizar tus fortalezas y debilidades.

4. ¿Está satisfecho con su situación y/o circunstancias actuales?

Al responder a estas tres cuestiones muy importantes, usted puede determinar su futuro. Recuérdense sobre la importancia de la disciplina y la organización mencionada anteriormente.

El siguiente punto que quiero destacar es la simplicidad. No cree dificultades innecesarias en el camino de su trabajo y en la meta del éxito.

Por simplicidad quiero decir, no compliques la situación, y no dejes que el éxito se te suba a la cabeza - la actitud pomposa es otro problema que te puede hacer caer. Sean humildes, firmes y justos en sus esfuerzos por tener éxito.

Un individuo tranquilo puede lograr virtualmente cualquier cosa simplemente a través del poder de la concentración - esta es una verdad basada en la ciencia.

Las investigaciones han demostrado claramente que técnicas como el yoga, la visualización y la relajación pueden aportar una mayor conciencia, permitiendo así que el individuo alcance su máximo potencial.

Por el poder de concentración y enfoque, una persona puede lograr lo que ha deseado.

La necesidad de cambio

Todos somos muy conscientes de que nada permanece permanente en la vida, a pesar de entender que la vida misma es un continuo, lo que no nos hemos dado cuenta es que nuestras propias actitudes, condicionamientos y propensiones nos impiden incorporar cambios.

Una de las cosas más difíciles de cambiar es nuestra naturaleza (los pensamientos indelebles), particularmente aquellos que han dejado una marca (huella) en nuestra psique.

Podemos ser capaces de cambiar muchas cosas a nuestro alrededor, pero la necesidad de cambiar nuestros pensamientos, actitudes y hábitos, que casi con toda seguridad se han convertido en parte de nuestra propia identidad, se convierte en una tarea ardua y difícil.

Como con todas las cosas en la vida, el tiempo puede sanar cualquier cosa y todo - permita que el tiempo le ayude a crecer en la vida y sin perder tiempo para alcanzar sus metas individuales.

¿Cómo cambiamos nuestra actitud mental? La respuesta es muy sencilla: una vez más, no hay ningún secreto como tal, ni es una tarea ardua de llevar a cabo. La respuesta primaria radica en la palabra cambio en sí misma. Iniciar cambios graduales en su estilo de vida le ayudará a alcanzar su meta mucho más rápido. Digo que la respuesta es fácil con respecto a cómo podemos lograr cambios positivos, porque consideremos, por ejemplo, los hábitos.

Los hábitos tardan en arraigarse, como todos sabemos. Así como `aprendes' tus hábitos con el tiempo, simplemente empiezas a desaprenderlos. Los hábitos son muy difíciles de erradicar a la vez, y por lo tanto, se deja tiempo para cuidar de sus hábitos. ¿Qué tiene que ver esto con ser feliz y rico?

Bueno, amigos míos, me gustaría devolverles la misma pregunta a ustedes. Pregúntese por qué no ha podido progresar.

Ponga en práctica lo que ha reunido hasta ahora. Siéntate en un rincón tranquilo y abre tu corazón, y resuelve este problema - la respuesta a todos tus problemas, buenos o malos, están dentro de ti. La exactitud del problema sin duda variará, pero la(s) razón(es) para ello son auto-explicativas.

Se derivan de las experiencias, del entorno y de los patrones de pensamiento. ¿Por qué es que la persona Y es capaz de dejar de fumar y sin embargo la persona Z tiene muchas dificultades para dejar el hábito, aunque ambos han estado fumando durante diez años, y ambos fuman veinte cigarrillos al día? La respuesta está en lo que ya he discutido anteriormente, y son nuestros **PENSAMIENTOS**.

Lo único que tendrás que cambiar en tu vida es tu percepción actual de quién eres, lo que los demás piensan de ti y, finalmente, quién eres realmente?

Mientras que usted puede cambiar sus pensamientos, su entorno y sus estrategias de negocio, lo que tendrá que darse cuenta es que no será capaz de cambiar la propia Ley de la Naturaleza - es perfecto. Por lo tanto, debemos respetar esto y empezar a adherirnos a su dinámica de gobierno, sin violarla. ¿Cómo puede la naturaleza afectar nuestro éxito?

Esta es una pregunta válida, pero tras un análisis profundo comprenderán que nosotros como seres humanos estamos constantemente rompiendo las reglas, las leyes y los procesos eternos de la vida diariamente.

Sin desviarse demasiado del tema, observen

cuidadosamente y observen cómo el hermoso ritmo de la naturaleza está cumpliendo con su deber diariamente sin ninguna discordancia e interrupción. De la misma manera, tenemos mucho que aprender de la naturaleza. La desviación de la verdad conduce a la consternación y al fracaso, y romper las Leyes de la Naturaleza traerá desesperación - en resumen, el macrocosmos y el microcosmos son indiferentes.

Las decisiones que usted tome en su vida determinarán el resultado de sus eventos futuros. Siempre piense primero en lo que está a punto de hacer o tiene la intención de hacer, y al emprender esta acción, cómo le afectará a usted.

No actúes por impulso, sino más bien mantén la calma, el silencio y trata de mantener un silencio profundo tanto como puedas. Es simplemente asombroso lo que se puede lograr a través del silencio y la introspección.

Le sugiero que emprenda una forma de ejercicio de relajación, como la meditación o incluso el yoga, para ayudarle a alcanzar la paz y el éxito. El buen juicio es un indicador perfecto de la sabiduría a través de la expresión del poder del intelecto a través de la facultad discriminatoria.

Si has reconocido claramente tu locura, entonces debes admitir errores y malos hábitos. Si molesta a los demás o afecta su salud, su conciencia, su estado financiero, su familia, su bienestar y su tranquilidad, entonces debe preguntarse: ``¿Qué tanto mejor estaría yo sin ella? Si usted no se beneficia de esto, ¿por qué siquiera lo toma o lo piensa?

 CAMINO AL ÉXITO FINANCIERO

Comprender el fracaso

La razón es el mayor enemigo que tiene la fe.

Esto es un hecho porque es muy probable que tanto el creyente como el no creyente recurran a esta declaración en apoyo de sus respectivos argumentos.

Ustedes ya han sido familiarizados con la naturaleza dualista de la vida, y como tal la razón humana encontrará tanto "pros" como "contras" para la buena y la mala acción respectivamente.

Es entonces cuando tienes que aprender a ser

guiado por la voz interior de la "conciencia". Lo siguiente surge de este poder innato, la intuición, la verdad, la paz, la rectitud, el amor, la no violencia (en palabras, hechos, acciones y pensamientos) y el poder de la discriminación. Estos atributos tienen su existencia en el alma.

Esta es la verdad más grande que usted no puede permitirse el lujo de no saber. El esfuerzo es proporcional a la gracia, pero deseo añadir que el éxito es proporcional al esfuerzo sólo cuando se ha aprendido a apreciar las cualidades del amor.

Hagas lo que hagas, pon todo tu esfuerzo y haz lo que hagas con amor absoluto.

Aquellos que están dispuestos a asumir

riesgos logran el éxito. Es un hecho conocido que los jóvenes son más adaptables a los cambios. A medida que envejecemos, se vuelve un poco más difícil y difícil provocar cambios y la capacidad de adaptarse a una amplia gama de zonas de confort. Antes de que sea demasiado tarde, elimine el problema desde el principio - no permita que roa su sistema. Como un virus, actúe y retírelo de su sistema de inmediato.

El hecho es que nacemos perfectos (no me refiero a esto en el sentido físico de la palabra), pero los rigores del tiempo `adulteran' esta perfección, y por lo tanto las infinitas posibilidades que yacen al acecho dentro de nosotros se difuminan.

Sin embargo, lo que nos hace superiores es que no hay más que un gran y codiciable don que es nuestro todo el tiempo, y este es nuestro extraordinario poder para descubrir, desarrollar y declarar que nosotros, como seres humanos, tenemos la capacidad de alcanzar alturas grandes, si no mayores, ¡yaciendo dentro de nosotros está la fuente infinita de energía que es claramente nuestra!

"Somos víctimas indefensas de nuestros propios deseos y necesidades."

La meta final

La mayoría de las personas, como estoy seguro de que estarán de acuerdo en hacer todo a medias, y las razones para ello han sido cubiertas.

No utilizan todo su potencial, principalmente porque no han entendido el poder de la mente.

A menudo nos sentimos atraídos u obligados a hacer cosas que nos traen dolor. Los placeres temporales traen tristeza, y consecuentemente la mayoría de nosotros, a través del miedo o incluso de la falta de confianza, nos vemos 'forzados' a tirar la toalla blanca.

Este no tiene por qué ser el caso, porque este libro le da la habilidad de superar estos obstáculos, entregando palabras tan potentes que usted puede cambiar sus circunstancias. Ya es hora de que veas los gráficos de tu mente muy cuidadosamente.

Después de la introspección, ahora es el momento de eliminar la suciedad y, mediante el uso del poder de la discriminación, distinguir lo que te da felicidad duradera en vez de tristeza.

La conclusión es que tienes que ejercer control sobre tus pensamientos.

Lo siguiente se incluye para guiarlo a su viaje hacia la riqueza, la salud y la felicidad.

- Evite detenerse en todas las cosas malas que ha hecho.

- Repetir acciones incorrectas una y otra vez se convierte en hábitos. Simplemente tenga cuidado de no repetir esas acciones de nuevo.

- No pienses en ti mismo como un fracaso. Usar las fallas como un medio para adquirir éxito - no se rinda hasta que alcance la meta deseada.

- Tendrás que borrar los surcos de los malos hábitos que has creado creando buenos hábitos. Si usted es perezoso, decida ser positivamente activo y asertivo - fíjese tareas u objetivos y asegúrese de alcanzarlos.

El hecho de que nos resistamos al cambio muestra que tenemos nuestras propias "zonas de confort" y esto es el resultado de nuestros pensamientos. ¿Por qué nos resistimos al cambio? La respuesta simple a esta pregunta es el miedo al cambio.

Un cambio significa que tenemos que dejar ir lo que `siente' es `correcto' para nosotros.

La pregunta que queda por hacer es: ¿qué es lo que más le conviene? Esta es una pregunta difícil, y la respuesta es que hasta que no estemos completamente satisfechos con nosotros mismos, entonces incluso un millonario que desee un millón extra es un mendigo. ¿Cuántos de nosotros estamos contentos?

Buscamos resultados instantáneos, y cuando no "vemos" los resultados, nos desanimamos y nos damos por vencidos. Es mi creencia que cuando deseas una cosa por las razones correctas entonces nada te detendrá de adquirirla - esta es la ley eterna.

 CAMINO AL ÉXITO FINANCIERO

Pavimentando su camino hacia el éxito

Escribí este libro con una sola intención en mente y es para ayudarte a entender y finalmente ayudarte a darte cuenta del Poder de la Mente.

Lo que pronto descubrirás es una serie de pasos que tienes que seguir muy estrictamente para determinar tu deseo profundamente arraigado. Estos pasos no son tareas monumentales, sino simples pautas para comenzar.

1. Cree en ti mismo y en el poder de las afirmaciones. Las personas exitosas se convierten en exitosas a través del uso constante de su fuerza de voluntad. No tengas miedo de los contratiempos en las etapas iníciales. Transformar los fracasos en éxito a través de la sabiduría, la fuerza y la fe.

2. Cree en la filosofía de 'vida sencilla y pensamiento elevado'.

3. No guardes nada en contra de nadie. Esfuérzate por superar tus quejas pasadas y sigue adelante. Trata de perdonar a todos 'el dolor nunca ayuda'.

4. La honestidad es la regla de oro. Observe el silencio, medite y elimine todas las tendencias negativas de su sistema (es decir, los celos, el ego, el odio, el miedo, etc.). Cíñete a los siguientes principios: amor, verdad, rectitud, paz y no violencia (ni siquiera debes herir a nadie con tus palabras, acciones y pensamientos).

Con absoluta determinación, es importante que para tener éxito se asocie con personas que ya lo han logrado.

Para apreciar el propósito de este libro, es de vital importancia examinar los siguientes puntos. Tendrá más sentido para usted ahora por qué el éxito o el fracaso depende de cómo se defina a sí mismo:

IMAGEN: Cuanto mejor se sienta acerca de su imagen de sí mismo, mayores serán sus probabilidades de éxito. La imagen no significa necesariamente apariencia; también tiene un significado más profundo y connota reflexión.

La imagen que puedas tener de ti mismo es más probable que provenga de lo que `piensas' de ti mismo. El ambiente interno que he discutido anteriormente puede jugar un papel crucial en la determinación de su objetivo final.

EMOCIONES: Es obvio que nuestros pensamientos y sentimientos, que son sutiles, tienen una gran influencia en nuestras vidas. La mejor manera de contrarrestar estas fuerzas sutiles es ejercitar el silencio durante la meditación y los ejercicios de relajación.

Es aconsejable hacer una forma de ejercicio para mantener la mente positivamente activa. Por supuesto, el segundo beneficio es la salud. Un cuerpo sano sirve como un `vehículo' perfecto para hacerlo bien.

Todo individuo busca la felicidad en la vida. Ahora la misma felicidad que buscamos se convierte en una alegría una vez encontrada. Esta alegría puede superar a la 'bienaventuranza' simplemente incorporándose.

AMOR. Debes compartir el amor en lo que haces y debes amar lo que logras diariamente en tu vida. En el silencio de la noche, introspeccione y aprenda a mejorar su vida (en palabras, hechos, pensamientos y acciones) y agradezca a la suprema energía universal.

Junto con lo que se ha dicho anteriormente,

las buenas habilidades de comunicación, la interacción y las buenas relaciones son el camino a seguir - esta es, en última instancia, la esencia de las virtudes y el carácter que te harán exitoso.

Desarrolle una personalidad armoniosa, y recuerde lo que se mencionó al principio, siempre use palabras amorosas - las palabras pueden traer paz o iniciar una guerra mundial.

Acondicionar tu mente eficazmente te permitirá cosechar las recompensas. Es muy buena práctica escudriñar sus pensamientos diarios justo antes de acostarse, y anotar esto en su libro de progreso.

Establezca metas y objetivos diariamente y

trabaje en ello hasta que los logre.

El tiempo es el bien más preciado en la vida, úselo sabiamente - el tiempo perdido es la vida perdida. Cuando decidas alcanzar el éxito en tu vida, asegúrate de no tener pensamientos contradictorios. Si aprendes a controlar conscientemente y así implementar los poderes inagotables dentro de ti, puedes lograr mucho más.

El lenguaje no es más que la expresión de pensamientos y experiencias. La comunicación juega un papel vital en su éxito general, y mucho menos en su vida diaria. A través del poder del conocimiento, usted puede alcanzar metas específicas, porque el secreto de nuestra fuerza está en nuestro conocimiento. Cuando se tiene una idea que es viable, es necesario centrarse en ella al cien por cien.

No se lo cuentes al mundo - no hay necesidad de tal "espectáculo". Reflexione sobre ello y conviértalo en un "producto" que tiene una base sólida. Sin una base firme, un edificio no tiene ninguna posibilidad de mantenerse en pie.

CAMINO AL ÉXITO FINANCIERO

La Ley de la Prosperidad

No hay daño en el éxito del deseo y todas las otras cosas buenas en la vida, pero el descanso asegurado, el deseo que lleva a la persistente sensación de falta o incompleto puede ser peligroso.

Si por alguna razón el deseo lleva a noches de insomnio y frustración - es hora de DETENER lo que sea que estés haciendo.

El contentamiento es el verdadero factor único de afirmar su abundancia. Un deseo egoísta lleva al fracaso total!

La ley espiritual es muy poderosa.

Dicho esto, debes esforzarte por seguir los siguientes principios diariamente en tu vida. Sé siempre bueno con todo lo que te rodea, no seas traicionero y engañoso. Cuídese del ego y sea verdadero y sincero.

La consideración es increíblemente importante, así que recuérdese siempre de las personas que no tienen tanta suerte, y extienda su mano de ayuda tanto como pueda a aquellos que se lo merecen.

Entrenar tu mente para lograr grandes alturas no es una tarea difícil. En tu tiempo libre, no malgastes tu energía; en vez de eso, pasa el tiempo contemplando el poder de tu ser innato.

Medite diariamente y visualice su éxito y sus metas. Amigos míos, el poder de la mente es simplemente asombroso, el hecho es que ni siquiera usamos

10 por ciento de ella en nuestra vida diaria - ahora, basándonos en esta comprensión científica, imagínese lo que podría lograr si utilizara el 90 por ciento restante?

Así como saborean la comida cuando la mastican y la prueban, realicen todos y cada uno de los actos con un sentido de gratitud y háganlo voluntariamente y, lo que es más importante, con alegría.

NO sigas ciegamente cada pequeño impulso,

aprende a reflexionar y a distinguir entre lo que es temporal y fugaz y lo que es duradero, lo que es esencial y lo que no lo es, entre lo que es agradable y lo que no lo es.

La auto conquista nos dará lo que buscamos. Hay que subrayar que el equilibrio es también un ingrediente esencial en su búsqueda del éxito y la riqueza. Usted debe asignar tiempo para usted y su familia o la de su ser querido. Una felicidad permanente debe ser independiente de un entorno cambiante.

No se convierta en un adicto al trabajo o en un "empresario rico" en su búsqueda del éxito, no sea que esto dañe su relación, y mucho menos sus intentos de triunfar sinceramente en la vida.

No te desvíes del camino de la justicia o de la Ley de la Naturaleza. Es muy divertido ser testigo del éxito y la riqueza, y la alegría que brota está fuera de toda duda. Sin embargo, si la felicidad, la alegría y el éxito vienen todos a la vez a expensas de su salud, entonces me temo que es un desperdicio terrible.

La manera de ser rico, es mediante el empleo de las siguientes virtudes, que es nuestra verdadera naturaleza, y se encuentra no sólo en los seres humanos, sino en todo lo que te rodea: Verdad, justicia, paz, amor y no violencia. Pregúntese a sí mismo, que si todos los seres humanos aplican estos atributos consistentemente - el mundo y sus habitantes prosperarían.

Debemos abordar todo nuestro trabajo (incluidos los problemas) o deberes con energía concentrada y así ejecutarlo con absoluta perfección. Esfuércese por hacer todas las cosas (pequeño o por pequeño que sea un deber o trabajo) de una manera extraordinaria. Realiza todo tu trabajo y deber con AMOR y entusiasmo, y observa los resultados. Nunca intentes nada a medias; no progresarás en la vida.

El poder de las palabras

El poder de las palabras puede tener un impacto muy fuerte en nuestras mentes y en nuestras vidas.

Antes de continuar, me gustaría que reflexionara sobre la siguiente pregunta: ¿podría alguien permanecer en silencio en todo momento?

No dejar que nadie sepa lo que hay dentro de su corazón y mente por la simple razón de no ser verbal o emocionalmente expresivo? Sin embargo, puedo decir con certeza que todos y cada uno de nosotros somos habladores silenciosos. Hablamos con nosotros mismos de muchas maneras y situaciones, algunas veces nos lastimamos y otras veces, hablar en silencio nos trae una maravillosa sonrisa a la cara!

Por lo tanto, la comunicación es muy importante en la vida. Las palabras son poderosas y, dependiendo de cómo se pronuncien, pueden influir en nuestros procesos de pensamiento cotidianos, acciones, comportamientos y nuestra visión de la vida en su conjunto.

Por supuesto, dependiendo de cómo se usen, el efecto que las palabras pueden tener es bastante increíble, pueden ser usadas para persuadir, informar, herir, aliviar el dolor o incluso ¡empezar una guerra! Las palabras habladas con grandes emociones tienen el poder de traer cambios que pueden acelerar el proceso de curación del cuerpo!

Este enorme poder está en el significado de las palabras, lo que significan para la persona que las escucha. Mucho más que la simple comunicación, la verdad, la falsedad y los infinitos matices entre ellos, las palabras tienen el poder de manipular el pensamiento y el comportamiento de otras personas.

Es nuestra interpretación de las palabras la verdadera causa de nuestras reacciones emocionales.

Palabras pronunciadas suave, desinteresadamente, inocentemente y con amor absoluto son las que se alojan indeleblemente en nuestro ser de donde producen su efecto agitador sobrecogedor del alma. Por lo tanto, es muy importante utilizar las palabras de manera selectiva y apropiada en cualquier momento y situación.

La ciencia moderna está empezando a apreciar el poderoso efecto que las palabras pueden tener en nuestros cuerpos cuando se usan en forma de oraciones o incluso afirmaciones. ¿Sabías que a través del esfuerzo consciente, podemos crear una fuerza de voluntad muy fuerte en nosotros mismos?

Afirmación para el éxito:

Lo perseguiré sin descanso, ya que es mi derecho de nacimiento tener éxito. Soy poderoso y lograré lo que necesito en el momento en que lo necesite. Estoy destinado a cosechar los frutos de mis acciones y compartiré mi alegría por el éxito con todo lo que conozco.

Beneficios de las afirmaciones

- Autoestima y una actitud positiva
- Le ayuda a alcanzar metas y objetivos
- Mejore su memoria y sus habilidades
- Ayuda a crear una autoestima interior (fuerza de voluntad, confianza y carácter)
- Puede ayudarte a evolucionar espiritualmente

Las palabras pronunciadas con suavidad y amor serán atractivas y provocarán admiración instantánea. La riqueza es en sí misma una palabra, y por sí misma no significa nada.

El único factor que da riqueza a la palabra, el significado es el intelecto. La riqueza de la información no se encuentra en ninguna parte, pero está dentro de nosotros en todo momento. El intelecto se cultiva a través de la lógica, y el punto principal es que la lógica seca y la filosofía a menudo pueden resultar contraproducentes. Por lo tanto, es esencial comunicarse eficazmente, porque en la búsqueda de riqueza, usted necesitará vender su negocio o su empresa a través de la comunicación (palabras).

Sin embargo, la comunicación por sí sola no corresponderá a su éxito.

El poder del amor incondicional

Me parece que la gente ha olvidado el verdadero valor, significado y definición de la palabra amor.

Puedes exclamar y decir lo que tiene que ver el amor con la riqueza! Es naturalmente difícil definir el verdadero amor, déjame explicarte, digamos que quieres aprender a nadar, lees libros sobre el arte de convertirse en un buen nadador, pero hasta que no saltas a la piscina bajo la guía, el verdadero significado de la natación no tiene ningún valor o significado real.

Hay que probar la fruta para conocer su verdadero sabor, como dice el refrán.

El amor egoísta arraigado en deseos que no son de ninguna manera armoniosos es el más dañino, y si te sumerges en adquirir tus metas a través del engaño, la calumnia y en contra de todos los principios nobles y éticos, es mejor que guardes este libro.

Aquellos que entienden el amor viven en armonía y es natural que estos individuos atraigan lo que han querido lograr.

El mayor poder de atracción en todos los sentidos de la palabra, ya sea una relación, un negocio o una amistad, es el amor.

Como empresario en ciernes, recuerde que el poder atractivo del amor es increíble: debe practicar la compasión y observar cómo crece y cómo prospera su empresa.

Al lograr cualquier forma de éxito en la vida, es pertinente que no importa lo que suceda, no fuerces tu éxito a nadie - evita el egoísmo, el orgullo y no impongas tu poder a nadie - es un error hacerlo.

Es crucial que al enriquecerse, no abuse de su nuevo "poder" adquirido. Cuando el poder se usa apropiadamente, sepan que han alcanzado la gloria.

Sentimientos finales

Este libro está escrito con la intención de permitirles discernir los poderes latentes innatos que yacen dormidos dentro de cada uno de nosotros.

Los buscadores de oportunidades no pueden realmente darse el lujo de "elegir y escoger", sino que deben aprender a capitalizar cada pequeña oportunidad que se les ofrece.

Como buscador, aproveche las oportunidades que tienen el potencial de convertirse en una puerta indispensable para el éxito: se trata de tomar riesgos calculados, controlados, medidos e informados.

Los individuos ricos han creado su propia carrera porque son verdaderos creyentes del éxito.

Estos son individuos que no pueden detenerse hasta que alcanzan el éxito. Se convierten en combatientes rebeldes sólo para ganar su meta inquebrantable - son guerreros disciplinados que empuñan sus armas de verdad, honestidad, sinceridad, compasión, determinación, poder, principios, rectitud, sabiduría, fe, confianza en sí mismos, creatividad, fortaleza y destreza para alcanzar las alturas por excelencia.

La vida funciona estrictamente de acuerdo a las leyes incorregibles de la naturaleza. La razón de esto es establecer la eficiencia, y dentro del ámbito de la ley, el intelecto racional en el hombre puede ser desarrollado para una mayor eficiencia.

Ya son ricos, sin embargo, debido a la falta de comprensión de sus poderosas cualidades innatas, estos atributos que yacen en abundancia no han encontrado el dinamismo para expresarse y manifestarse.

Por último, no te tomes la vida demasiado en serio. La vida es un viaje hecho posible para todos nosotros, y si estamos dispuestos a darnos la oportunidad de crecer, entonces la vida puede ser una experiencia maravillosa. Es muy entretenido, especialmente cuando uno sigue sus principios de gobierno religiosamente.

Sean felices en todo momento, cuando surjan dificultades, ríanse de ellas, y empleen la fuerza de voluntad dinámica dentro de ustedes para combatirlas. Como se mencionó en otras partes, el cuerpo y especialmente la mente es realmente un instrumento asombroso que tenemos.

El estado de completa tranquilidad es posible y hay pruebas crecientes para establecer la grandeza alcanzada por la gente común a través de la historia - es hora de que emplees los poderes de tu mente para alcanzar tus deseos.

Visita nuestra página de autores en Amazon! ¡Y consigue más MENTES LIBRES!

http://amazon.com/author/menteslibres

Si lo deseas, puedes dejar tu comentario sobre este libro haciendo clic en el siguiente enlace para que podamos seguir creciendo! ¡Muchas gracias por tu compra!

https://www.amazon.com/dp/B082GL9L68

www.ingramcontent.com/pod-product-compliance
Lightning Source LLC
Chambersburg PA
CBHW070644220526
45466CB00001B/294